Dieses Buch gehört

Liebe Eltern,

wir wollen Ihr Kind beim Lesenlernen unterstützen, und zwar mit Geschichten, die Spaß machen.

Unsere Bücher mit dem liebenswerten Leselöwen begleiten Ihr Kind durch die 2. Klasse. Sie enthalten drei bis vier Geschichten zu einem spannenden Thema, mit einfachen Sätzen und gut lesbarer Schrift. Viele bunte Bilder sorgen für Lesepausen und helfen, die Geschichten zu verstehen. Mit den Aufgaben zum Text kann Ihr Kind selbst prüfen, ob es den Text richtig verstanden hat. Zu den farbig markierten Wörtern warten am Ende des Buches spannende Fakten und in unserem Online-Portal finden Sie viele weitere Extras!

So wird Ihr Sohn oder Ihre Tochter zum echten Leselöwen!

Ihr
Leselöwe!

Jetzt geht es
los!

Stütze & Vorbach

Mädchengeschichten

Illustriert von Carola Sturm

www.leseloewen.de

ISBN 978-3-7855-8726-3
1. Auflage 2018
© 2018 Loewe Verlag GmbH, Bindlach
Umschlag- und Innenillustrationen: Carola Sturm
Umschlaggestaltung: Michael Dietrich
Vignetten Leselöwe: Angelika Stubner
Printed in Poland

www.loewe-verlag.de

Inhalt

Hör auf mich!

„Noch zwei Tage", denkt Rike.

„Dann habe ich **Geburtstag**!"

An ihrer Tür hängt ihre Wunschliste.

Darauf steht: EIN **HUND**.

Hoffentlich haben das alle gesehen.

„Du und dein Hundewunsch",

mault Jasmin, ihre große Schwester.

„Was willst du denn mit einem Hund?"

Rike faucht zurück:

„Verstehst du sowieso nicht."

Jasmin sagt:

„Erklär's mir!"

Rike muss nicht lange überlegen:

„Mit einem Hund kann ich kuscheln,

spielen und er macht, was ich sage."

Jasmin schaut sie überrascht an.

„Ach so?

Na, dann warten wir mal ab."

Heute ist Rikes achter Geburtstag.

Mama, Papa und Jasmin gratulieren ihr.

Juhu, auf dem Tisch steht eine Kiste.

Neugierig hebt Rike den Deckel an.

Ein kleines, schwarzes Wollknäuel

sitzt darin und macht: „Wuff!"

Rike ist überglücklich.

Sie beugt sich über die Kiste.

Der kleine Hund knurrt leise.

Rike weiß schon,

wie sie den Kleinen nennen will.

Sie holt ein Glas Wasser und sagt:

„Hiermit taufe ich dich … Flocke!"

Dann spritzt sie ihm

ein paar Tropfen auf den Kopf.

Als Rike die Hand

nach Flocke ausstreckt,

zeigt er die Zähne und knurrt laut.

„Aua!", schreit Rike.

Flocke hat zugeschnappt!

Er springt aus der Kiste

und rennt in den Garten.

Rike hat sich erschreckt.

Sie kuschelt sich an Mama.

Die erklärt: „Flocke hat geknurrt

und dir die Zähne gezeigt.

Das ist seine Sprache.

Es heißt: Ich habe Angst.

Lass mich in Ruhe."

Rike überlegt und sagt:

„Dann will ich Flockisch lernen."

Sie geht in den Garten.

Flocke sitzt links am Zaun.

Rike rennt nach links.

Jetzt flitzt Flocke nach rechts.

Rike rennt nach rechts.

Flocke hüpft nach links.

Rike wird wütend.

„Flocke!", ruft sie. „Ich will,

dass du jetzt herkommst!"

Flocke duckt sich unter einen Busch.

Doch Rike hebt Flocke hoch

und rennt mit ihm in ihr Zimmer.

Jetzt sind Rike und Flocke allein.

Flocke sitzt klein in einer Ecke.

Dann pinkelt er vors Bett.

„So ein blöder Geburtstag!

Jetzt stinkt es auch noch",

schimpft Rike.

„Flocke ist doof",
denkt Rike traurig.
„Ich kann nicht mit ihm kuscheln
und nicht mit ihm spielen."

Flocke legt sich Rike gegenüber.

Sie sehen sich eine Weile an.

Flocke hat sehr liebe braune Augen.

Rike streckt ihm die Hand entgegen.

Er kommt näher und schnuppert.

Plötzlich klopft es an der Tür.

Es sind Tuula und Bella.

Sie singen ein Geburtstagslied.

Dann streicheln beide den **Welpen**.

Er wedelt mit dem Schwanz.

„Hört er schon auf dich?",

fragt Bella.

Traurig schüttelt Rike den Kopf.

„Guck mal, so geht das."

Bella weiß immer alles.

Sie klopft leise auf den Boden

und lockt:

„Komm her, Flocke!"

Immer wieder.

Flocke läuft los

und setzt sich vor Bella.

Bella streichelt seinen Rücken

und gibt ihm ein Leckerli.

Rike probiert es auch:

„Komm her, Flocke!"

Flocke kommt.

Rike streichelt ihn

und gibt ihm ein Leckerli.

Flocke wedelt mit dem Schwanz.

Dann leckt er Rike

mit seiner rosa Zunge über die Nase

und Rike muss lachen:

„Ich hab dich lieb, Flocke.

Wir verstehen uns schon, stimmt's?

Mit dir kann ich kuscheln, spielen

und du machst, was ich sage."

Echte Sorgen

Heute ist Montag.

Gleich geht die Schule los.

Müde kommt Bella in die Küche.

Papa hat das Frühstück vorbereitet.

Seit Papa arbeitslos ist,

hat er viel Zeit.

Bella guckt auf den Tisch.

Sie ist enttäuscht:

„Das ist nicht das richtige Müsli!

Und wo ist meine

Lieblings-Schoko-Creme?"

„Ach, Bella, Schatz.

Wir müssen sparen,

das weißt du doch.

Dieses Essen ist etwas billiger",

murmelt Papa

und deutet auf den Tisch.

„Mach es mir nicht so schwer, ja?"

28

„Ist billig. Ist billiger. Ist bäh!",
denkt Bella wütend.
Seit Papa keine Arbeit mehr hat,
ist das Geld knapp.
Bella muss weinen.
Es ist so ungerecht!

In der großen Pause
reden Bellas Freundinnen
Tuula und Rike
über die **Vogelwarte** auf Burg Eckstein.
Am Samstag wollen sie alle
mit Rikes Eltern dorthin gehen.

In der Vogelwarte gibt es Geier,

Eulen, Falken und sogar einen Adler.

Er heißt Randolf und ist berühmt.

„Und ich werde ihn nicht sehen!",

denkt Bella.

Der Eintritt ist ziemlich teuer.

Sie muss schon wieder weinen.

Tuula fragt besorgt:

„Was ist denn los, Bella?"

Bella schnieft. „Nichts."

Irgendwie stimmt es ja auch.

Papa hat kein Geld.

Also hat sie NICHTS.

Tuula sagt:

„Probier mal, Bella.

Das ist MUSTIK-KAPII-RAK-KA."

Bella schnaubt nur: „Igitt!"

Was wie Kacka klingt,

schmeckt sicher auch so!

Tuula guckt traurig. Dann fragt sie:

„Ist es wegen deines Papas?"

Bella nickt.

Tuula versteht sofort:

„Du kannst nicht mitkommen?"

Bella schluchzt.

Tuula stemmt die Hände

in die Hüften und verkündet:

„So geht es nicht weiter.

Wir müssen etwas unternehmen.

Yksi, kaksi, kolme –

eins, zwei, drei, los geht's."

„Wenn Tuula aufgeregt ist,

spricht sie **Finnisch**", weiß Bella.

Gemeinsam überlegen sie.

Und plötzlich hat Bella eine Idee.

„Wir fragen einfach alle Nachbarn

nach ihren leeren Pfandflaschen",

erklärt Bella.

„Für jede Flasche gibt es 15 Cent Pfand.

Der Eintritt kostet 5 Euro.

Also brauchen wir 34 Flaschen",

strahlt Tuula.

„Yksi, kaksi, kolme – los geht's."

Am Nachmittag klingeln sie
bei den Nachbarn links,
bei den Nachbarn rechts
und bei den Nachbarn gegenüber.

Als sie die ganze Straße durchhaben,

liegen 36 Flaschen in ihren Taschen.

„Das Geld reicht!",

strahlt Bella.

Als Bella mit Rike und Tuula
neben der **Falknerin** steht,
ist sie glücklich.
Die Flugvorführung beginnt.
Der Adler kreist am Himmel
und landet direkt vor Bella.

Nach der Schau haben alle Hunger.

Tuula hält Bella die Dose hin.

„Jetzt probier doch mal

Mustikkapiirakka", sagt sie.

Bella nimmt den Kuchen.

„Mmh, lecker!", schmatzt sie.

Dann umarmt sie ihre Freundinnen.

Sie denkt:

„Finnischer Blaubeerkuchen

ist das Beste.

Aber das Allerbeste sind Freundinnen!"

Beste Freundinnen für immer?

Beste Freundinnen sind toll!

„Man kann mit ihnen
Kuscheltiere verkleiden,
Kirschkerne um die Wette spucken
und **Karaoke** singen.
Das ist alles super", findet Tuula.

Doch manchmal ist sie unglücklich.

Immer wenn Tuula, Bella und

Rike etwas unternehmen,

will Bella bestimmen.

Und Rike macht immer alles mit.

Schließlich ist sie

Bellas Langzeit-Super-Freundin.

Wenn Bella keine Ideen hat,

dann machen sie alle gar nichts.

Nur fernsehen oder so.

Aber darauf hat Tuula keine Lust.

„Ich hab eine Idee", sagt sie.

„Wir bauen eine Höhle!"

„Au ja!", ruft Rike. „Super Idee!
Wir können zu mir gehen,
bei uns gibt es ganz viele Decken.
Und Flocke kann auch mitspielen."
Tuula freut sich.

Doch Bella rümpft die Nase:

„Pfff. Dazu habe ich keine Lust.

Das ist doch langweilig!"

Rike schaut

ihre beste Freundin Bella an.

Dann sagt sie leise:

„Okay. Dann gehen wir eben zu dir."

Da wird Tuula wütend.

Schon wieder machen sie,

was Bella will.

Sie schnaubt: „Aber bei Bella

können wir keine Höhle bauen!"

Bella verschränkt

die Arme vor der Brust:

„Ich will auch keine Höhle bauen.

Ich will lieber fernsehen!"

Jetzt wird Rike richtig sauer.

„Mensch, Bella!

Nicht schon wieder fernsehen!"

Da sagt Tuula einfach: „Komm, Rike!

Wir bauen uns zu zweit eine Höhle."

Tuula und Rike

gehen zu Rike nach Hause.

In Rikes Zimmer legen sie Decken

über Stuhl, Hocker und Tisch.

Jetzt haben sie eine gemütliche Höhle!

Rike und Tuula spielen Höhlenfamilie.

Und Flocke ist ihr Wachhund.

„Trotzdem fehlt etwas", findet Rike.

„Mit Bella wäre es noch schöner."

Tuula nickt: „Ob wir sie mal anrufen?"

Auf einmal klingelt es.

Als Rike aufmacht, steht Bella da.

Sie hat eine Decke

und eine Taschenlampe dabei.

Leise fragt sie:

„Ist in eurer Höhle noch Platz?"

Rike umarmt Bella: „Na klar!"

„Wir sind doch

beste Freundinnen für immer!",

lacht Tuula und strahlt.

„Ja!", ruft Rike.

Jetzt strahlt auch Bella.

Und sie rufen im Chor:

„Beste Freundinnen für immer!"

1. **Was wünscht Rike sich zum Geburtstag? Kreise ein.**

Antwort: Hund

2. **Wie alt wird Rike? Kreuze an.**

☐ 4+5= _____   ☐ 4+4= _____   ☐ 4+3= _____

Antwort: 4+4=8

3. **Welcher Satz ist richtig? Kreuze an.**
Mit einem Hund kann ich kuscheln,
spielen und …

☐ … er macht, was er will.

☐ … er macht, was ich will.

☐ … er macht überall hin.

Antwort: … er macht, was ich will.

4. Wie heißt Rikes Schwester? Kreuze an.

☐   ☐

Antwort: Jasmin

5. Was heißt „Yksi, kaksi, kolme"? Kreuze an.

☐ Eins, zwei, drei
☐ Ich bin dabei.
☐ Du bist doof.

Antwort: Eins, zwei, drei

6. Wie viele Pfandflaschen sammeln die Freundinnen? Kreuze an.

☐ Eine zu wenig
☐ Genau die richtige Anzahl
☐ Sogar zwei zu viel

Antwort: Sogar zwei zu viel

7. **Welche Früchte enthält der finnische Kuchen Mustikkapiirakka? Kreise ein.**

Antwort: Blaubeeren

8. **Lies genau in Spiegelschrift. Wie heißt der Adler in der Vogelwarte? Kreuze an.**

☐ Gandalf

☐ Randolf

☐ Randalf

Antwort: Randolf

9. Was sind Rike und Bella? Trage die fehlenden Buchstaben ein.

LAN___ZE___T-___UPER-FREUNDINNEN

Antwort: Langzeit-Super-Freundinnen

10. Wer will am liebsten fernsehen? Kreise ein.

Antwort: Bella

11. Verkehrt herum! Was bringt Bella mit zu Rike? Kreuze an.

☐ Epmalnehcsat
☐ Hcutnehcsat

Antwort: Taschenlampe

Geburtstag (Seite 8):

Noch vor zweihundert Jahren feierten nur Adlige große Geburtstagspartys. Die meisten normalen Bürger wussten gar nicht, an welchem Tag sie geboren worden waren.

Hund (Seite 8):

In Deutschland lebt fast in jedem zehnten Haushalt mindestens ein Hund. Insgesamt sind das ungefähr fünf Millionen Hunde!

Welpe (Seite 21):

Hundekinder nennt man Welpen. Aber wusstest du auch, dass die Kinder von Walen Kälber heißen, genau wie Kuhkinder? Und die Wildschweinkinder heißen nicht etwa Ferkel, sondern Frischlinge.

Vogelwarte (Seite 30):

In Vogelwarten werden Wildvögel überwacht und ihr Verhalten wird erforscht. Viele Vogelwarten kann man auch besichtigen.

Finnisch (Seite 36):

Tuulas Eltern kommen aus Finnland, das ist ein Land in Nordeuropa. Deshalb spricht Tuula Deutsch und Finnisch.

Falknerin (Seite 40):

Falkner trainieren Falken und andere Greifvögel. Eigentlich werden sie für die Jagd ausgebildet, aber man kann sie auch bei einer Flugvorführung beobachten.

Karaoke (Seite 43):

Karaoke wurde in Japan erfunden. Dabei läuft die Musik bekannter Lieder, den Text singen die Mitspieler ins Mikrofon.

Blättere schnell um und trage die roten Buchstaben in der richtigen Reihenfolge in die Kästchen ein!

Annett Stütze, geboren in Leipzig, studierte Germanistik und Kunstgeschichte an der Humboldt Universität zu Berlin. Heute lebt sie in Frankfurt am Main, schreibt und übersetzt voller Freude Kinderbücher und unterrichtet Deutsch als Fremdsprache.

Britta Vorbach, geboren in Tübingen, ist Grundschulpädagogin und arbeitete viele Jahre in verschiedenen Kinderbuch-verlagen als Lektorin. Heute schreibt sie Kinderbücher und entwickelt Lern-materialien. Sie lebt in Frankfurt am Main.

Carola Sturm, geboren 1965 in Berlin, war schon als Kind von Bilderbüchern fasziniert und liebte das Malen. Sie studierte Kommunikationsdesign mit Schwerpunkt Illustration. Seit 1994 arbeitet sie freiberuflich als Illustratorin und malt am liebsten für Kinder. Ihre schöns-ten Bild-Ideen hat sie bei langen Hundespaziergängen durch die Natur.

Das Leselöwen-Lösungswort

Besuche den Leselöwen auf
www.leseloewen.de und trage
die farbigen Buchstaben
von der Seite *Schon gewusst?*
in der richtigen Reihenfolge
in die magische Box ein.

Wenn du das Lösungswort
gefunden hast, kommst du
auf die geheime Seite mit vielen
weiteren Spielen und Rätseln!

Der **Leselöwe** freut sich auf dich!

Jetzt
online!